Milet

Picture
Dictionary
English·French

Milet Publishing
Smallfields Cottage, Cox Green
Rudgwick, Horsham, West Sussex
RH12 3DE
info@milet.com
www.milet.com
www.milet.co.uk

First published by Milet Publishing Ltd in 2003
Text © Sedat Turhan 2003
Illustrations © Sally Hagin 2003
© Milet Publishing 2003

ISBN 9781840593525

Printed and bound in Turkey by Metro Printing, November 2019.

Milet

Picture
Dictionary
English•French

Text by **Sedat Turhan**

Illustrations by **Sally Hagin**

COLOURS/COLORS
LES COULEURS

red
rouge

orange
orange

yellow
jaune

green
vert

blue
bleu

purple
violet

grey
gris

pink
rose

black
noir

white
blanc

PLANTS
LES PLANTES

tree
l'arbre

orchid
l'orchidée

rose
la rose

sunflower
le tournesol

daisy
la pâquerette

tulip
la tulipe

grass
l'herbe

lily
le lys

branch
la branche

leaf
la feuille

daffodil
la jonquille

watering can
l'arrosoir

cactus
le cactus

plant pot
le pot de fleurs

FRUIT
LES FRUITS

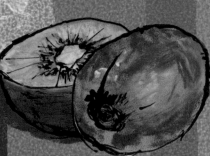

kiwi
le kiwi

cherry
la cerise

apricot
l'abricot

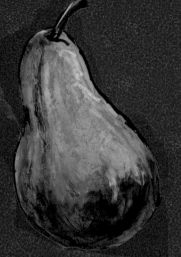

pear
la poire

fig
la figue

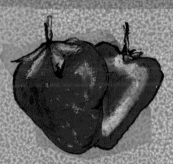

strawberry
la fraise

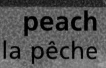

peach
la pêche

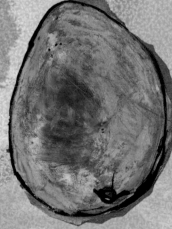

banana
la banane

mango
la mangue

orange
l'orange

apple
la pomme

blueberry
la myrtille

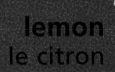

lemon
le citron

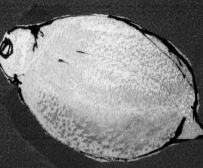

grapes
les raisins

avocado
l'avocat

raspberry
la framboise

grapefruit
le pamplemousse

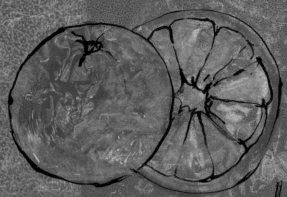

pineapple
l'ananas

ANIMALS
LES ANIMAUX

lion
le lion

zebra
le zèbre

tiger
le tigre

giraffe
la girafe

elephant
l'eléphant

polar bear
l'ours blanc

penguin
le pingouin

duck
le canard

cow
la vache

rooster
le coq

sheep
le mouton

goat
la chèvre

horse
le cheval

ANIMALS & INSECTS
LES ANIMAUX ET LES INSECTES

bird
l'oiseau

cat
le chat

dog
le chien

rabbit
le lapin

frog
la grenouille

crab
le crabe

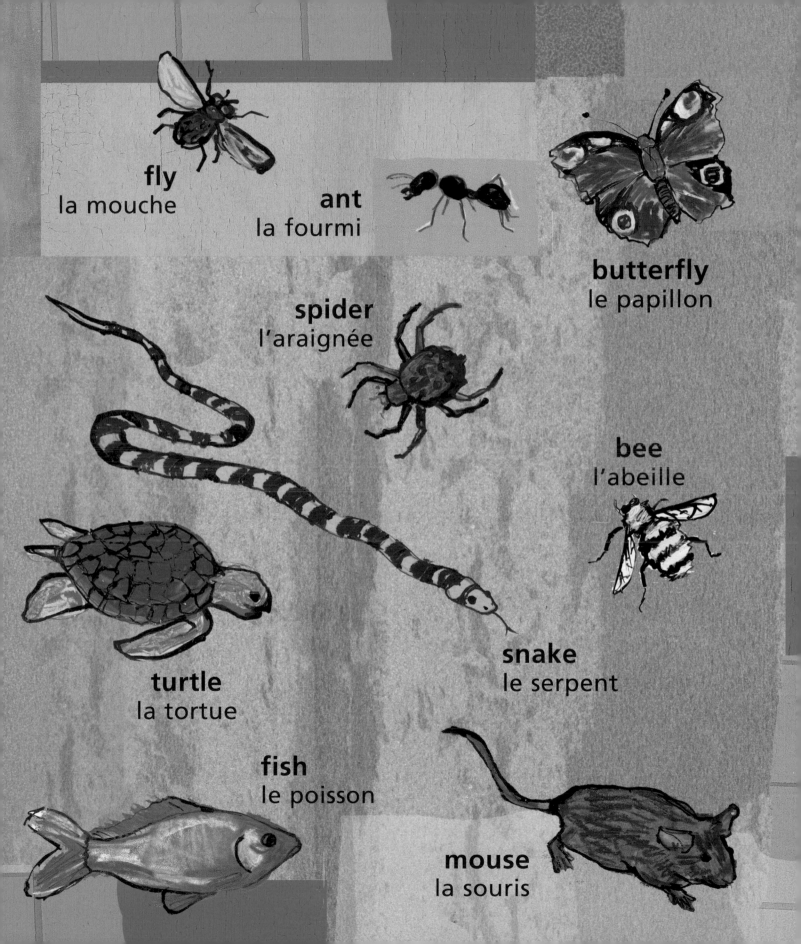

fly
la mouche

ant
la fourmi

butterfly
le papillon

spider
l'araignée

bee
l'abeille

turtle
la tortue

snake
le serpent

fish
le poisson

mouse
la souris

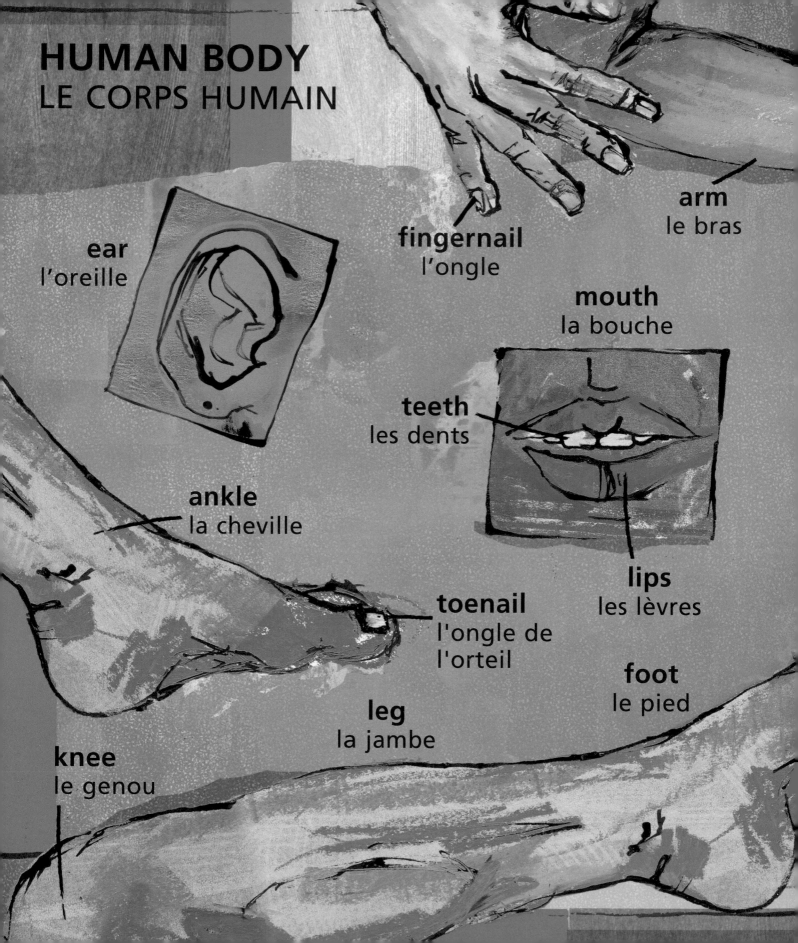

HUMAN BODY
LE CORPS HUMAIN

ear
l'oreille

fingernail
l'ongle

arm
le bras

mouth
la bouche

teeth
les dents

lips
les lèvres

ankle
la cheville

toenail
l'ongle de
l'orteil

foot
le pied

leg
la jambe

knee
le genou

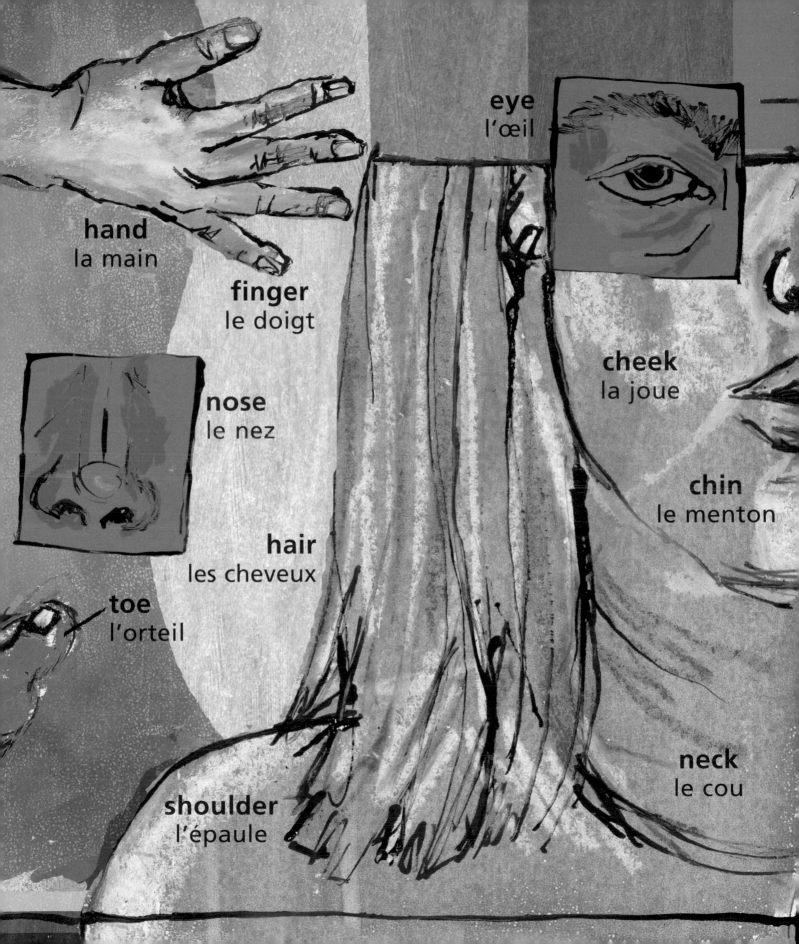

hand
la main

finger
le doigt

nose
le nez

hair
les cheveux

toe
l'orteil

shoulder
l'épaule

eye
l'œil

cheek
la joue

chin
le menton

neck
le cou

HOUSE & LIVING ROOM
LA MAISON ET LA SALLE DE SÉJOUR

roof
le toit

chimney
la cheminée

house
la maison

door
la porte

armchair
le fauteuil

key
la clé

candle
la bougie

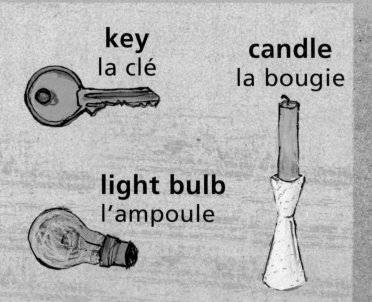

light bulb
l'ampoule

picture
le tableau

window
la fenêtre

curtain
le rideau

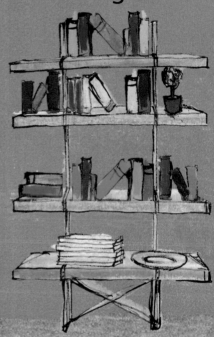

bookshelf
l'étagère

cabinet
le meuble

vase
le vase

sofa
le canapé

lamp
la lampe

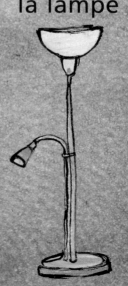

side table
la table basse

KITCHEN
LA CUISINE

bowl
le bol

glass
le verre

refrigerator
le réfrigérateur

plate
l'assiette

napkin
la serviette
(de table)

teapot
la théière

cup
la tasse

table
la table

chair
la chaise

spoon
la cuillère

frying pan
la poêle à frire

fork
la fourchette

knife
le couteau

saucepan
la casserole

oven mitt
le gant isolant

dishcloth
le torchon
à vaisselle

toaster
le grille-pain

stove
le fourneau

sink
l'évier

oven
le four

VEGETABLES
LES LÉGUMES

potato
la pomme
de terre

green bean
le haricot vert

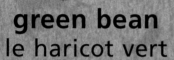

mushroom
le champignon

carrot
la carotte

asparagus
l'asperge

onion
l'oignon

pumpkin
le potiron

peas
les petits pois

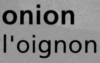

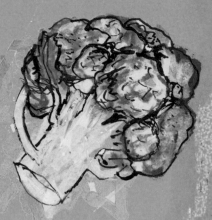

broccoli
le brocoli

okra
l'okra

tomato
la tomate

radish
le radis

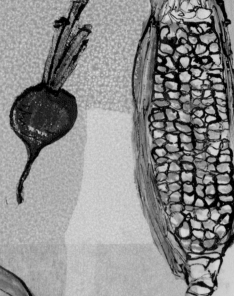

corn
le maïs

garlic
l'ail

cucumber
le concombre

pepper
le poivron

cauliflower
le chou-fleur

cabbage
le chou

FOOD
LES ALIMENTS

sandwich
le sandwich

bread
le pain

cheese
le fromage

milk
le lait

butter
le beurre

jam
la confiture

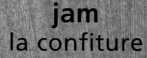

egg
l'œuf

honey
le miel

cereal
les céréales

raisins
les raisins secs

oil
l'huile

fries
les frites

fruit juice
le jus de fruit

spaghetti
les spaghetti

chocolate
le chocolat

cake
le gâteau

ice cream
la glace

BATHROOM
LA SALLE DE BAINS

mirror
le miroir

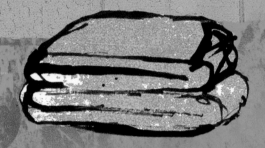

towel
la serviette

sink
le lavabo

toilet paper
le papier hygiénique

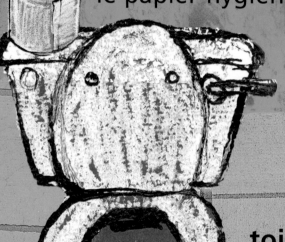

toilet
le WC

bathroom cabinet
le placard de salle
de bains

potty
le pot (d'enfant)

hairbrush
la brosse à cheveux

hairdryer
le sèche-cheveux

shower
la douche

comb
le peigne

toothpaste
le dentifrice

shampoo
le shampooing

conditioner
le baume

toothbrush
la brosse à dents

soap
le savon

bathtub
la baignoire

BEDROOM
LA CHAMBRE

bed
le lit

alarm clock
le réveil

bedside table
la table de chevet

hanger
le cintre

rug
la descente
de lit

wardrobe
l'armoire

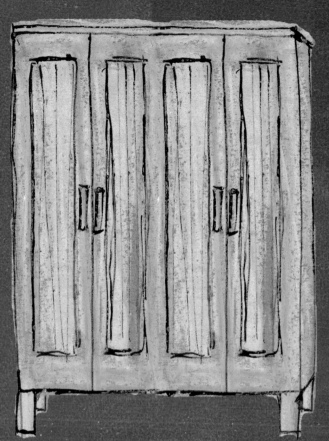

pillow
l'oreiller

bed cover
le dessus de lit

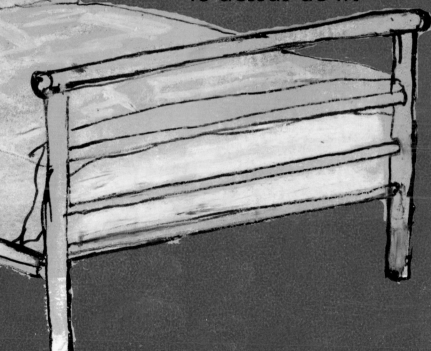

sheet
le drap

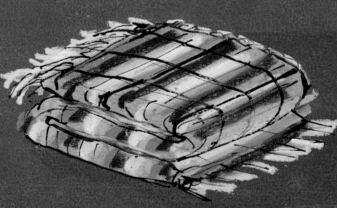

blanket
la couverture

CLOTHING
LES VÊTEMENTS

gloves
les gants

umbrella
le parapluie

button
le bouton

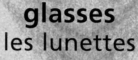

glasses
les lunettes

boxer shorts
le caleçon

T-shirt
le T-shirt

underpants
le slip

hat
le chapeau

sweater
le pull-over

jacket
la veste

slippers
les pantoufles

scarf
l'écharpe

backpack
le sac à dos

skirt
la jupe

shirt
la chemise

handbag
le sac à main

socks
les chaussettes

belt
la ceinture

jeans
le jean

pyjamas
le pyjama

shoes
les chaussures

shorts
le short

COMMUNICATIONS
LES COMMUNICATIONS

telephone
le téléphone

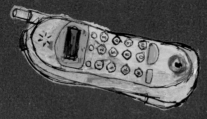

television
la télévision

DVD player
le lecteur de DVD

video recorder
le magnétoscope

remote control
la télécommande

stereo
la chaîne
stéréo

video camera
la caméra vidéo

camera
l'appareil
photo

TOOLS
LES OUTILS

screwdriver
le tournevis

saw
la scie

screw
la vis

stepladder
l'escabeau

nail
le clou

drill
la perceuse
électrique
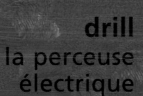

hammer
le marteau
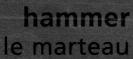

shovel
la pelle

vacuum cleaner
l'aspirateur
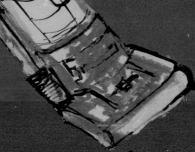

paint
la peinture

SCHOOL & OFFICE
L'ÉCOLE ET LE BUREAU

pencil
le crayon

glue stick
le bâton
de colle

book
le livre

marker
le marqueur

stamp
le timbre

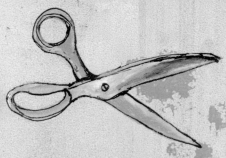

pencil case
la trousse

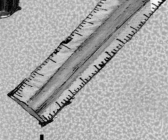

ruler
la règle

**pencil
sharpener**
le taille-crayon

crayon
le crayon

globe
le globe

scissors
les ciseaux

calculator
la calculatrice /
calculette

stapler
l'agrafeuse

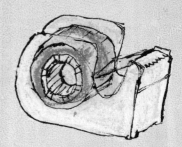

tape
le scotch

paints
les couleurs

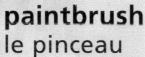

paintbrush
le pinceau

pen
le stylo

envelope
l'enveloppe

computer
l'ordinateur

desk
le bureau

notebook
le carnet

NUMBERS
LES NOMBRES

one
un

two
deux

three
trois

four
quatre

five
cinq

six
six

seven
sept

eight
huit

nine
neuf

ten
dix

SHAPES
LES FORMES

hexagon
l'hexagone

rectangle
le rectangle

square
le carré

oval
l'ovale

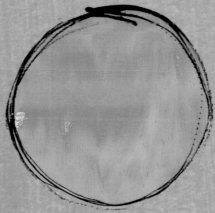

circle
le cercle

triangle
le triangle

octagon
l'octogone

MUSICAL INSTRUMENTS
LES INSTRUMENTS MUSICAUX

flute
la flûte

guitar
la guitare

violin
le violon

saxophone
le saxophone

bongos
le bongo

clarinet
la clarinette

drums
la batterie

trumpet
la trompette

piano
le piano

xylophone
le xylophone

SPORTS & GAMES
SPORTS ET JEUX

skateboard
la planche à roulettes

video games
les jeux vidéo

cards
le jeu
de cartes

**football /
soccer ball**
le ballon de foot

ice skates
les patins à glace

rollerblades
les patins en ligne

skis
les skis

chess
les échecs

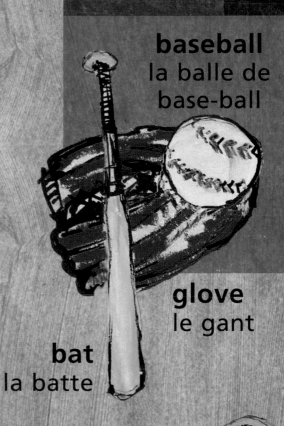

baseball
la balle de
base-ball

glove
le gant

bat
la batte

basketball
le ballon
de basket

American football
le football américain

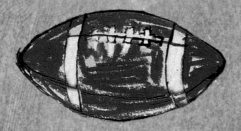

tennis ball
la balle de tennis

tennis racket
la raquette de tennis

cricket ball
la balle de cricket

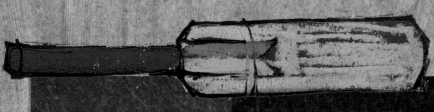

cricket bat
la batte de cricket

TRANSPORTATION
LES MOYENS DE TRANSPORT

boat
le bateau

bicycle
la bicyclette

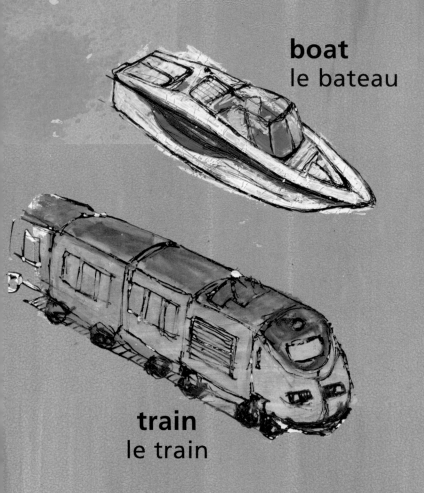

train
le train

car
la voiture

motorcycle
la moto

ambulance
l'ambulance

helicopter
l'hélicoptère

plane
l'avion

fire engine
le camion des pompiers

bus
le bus

truck
le camion

tractor
le tracteur

SEASIDE
LE BORD DE MER

ball
le ballon

sky
le ciel

beach towel
la serviette de bain

swimsuit
le maillot de bain

beach bag
le sac de plage

sunglasses
les lunettes de soleil

sunscreen
la crème solaire

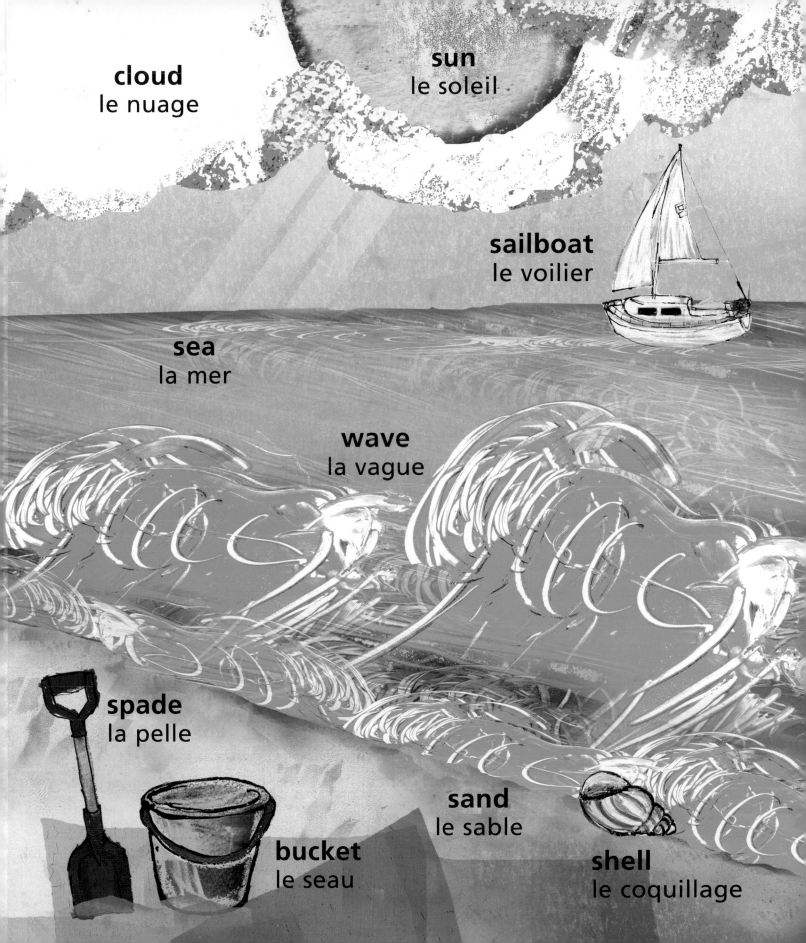

cloud
le nuage

sun
le soleil

sailboat
le voilier

sea
la mer

wave
la vague

spade
la pelle

bucket
le seau

sand
le sable

shell
le coquillage